_____ 님께

"당신의 꿈이 실현되길 바라는 마음으로 이 책을 드립니다."

_____ 드림

It Works

It Works

RHJ 지음 · **서재경** 옮김

매일경제신문사

책을 새로 펴내면서

이미 출간한 책을 표지나 꼴을 바꿔 펴내는 경우가 간혹 있습니다. 출판계에서는 리커버판이라고 부릅니다. 리커버판을 내는 이유는 다양합니다. 안 팔리던 책을 새삼 팔고 싶어서, 새로운 계기가 있어서, 출판사가 바뀌어서 등…. 그럼 제게는 무엇이 이 책의 리커버판을 내도록 마음을 움직였을까요.

제가 이 책의 리커버판을 내고자 마음먹게 된

이유는 두 가지입니다. 하나는 코로나19로부터의 진정한 회복과 한국 사회의 새로운 도약을 위해서입니다. 우리 지구촌의 꿈도, 한국 사회의 염원도, 결코 다르지 않습니다. 전쟁과 질병의 고통에서의 회복과 도약 그리고 갈등의 통합과 행복일 것입니다. 세상은, 그리고 역사는, 희망으로 시작해 거품을 지나다 위기를 맞고 결국 분노의 시대를 살아내면서 이런 고통과 갈등을 뚫고 일어설 새 희망을 찾아 나섭니다. 지금 우리의 현주소가 바로 이 지점이 아닐까요? 그리고 저는 이에 대한 해답의 일부가 바로 이 책, 《It Works》에 있다고 자신합니다. 이미 이 책을 접해본 분이라면 이 말에 공감을 표하실 수 있을 것입니다. 혹시 아직 못 읽어보신 분이라면 이 책을 여는 즉시 아시게 될 겁니다. 이 책을 새로 펴내기로 마음먹은 다른 한 가지 이유는 우리 새 시대의 주인공 밀레니얼 세대에게도 이 책의 메시지를 전하고 싶어서입니다. 《It Works》는 꿈을 실현시키고 싶은 분들께는 정말 꿈같은 책입니다. 이 책은 1926년 미국에서 출판되어 지금까지 100년 가까이 꾸준히 팔리고 있는 스테디셀러입니다.

20년쯤 전에 이 책을 읽었던 제가 이제 이 책을 밀레니얼 세대에게 새롭게 소개하고자 합니다. 수천 년 전의 성경에서 보이는 삶의 진실과 지혜가 요즘 시대와 크게 다르지 않듯이 지금 이 세상을 살아내야 하는 우리 삶의 요체와 꿈의 정수도 짧지만 명료하고 강렬한 이 책의 메시지와 전혀 다르지 않을 것입니다.

전 세계적으로 수천만 권이 팔려나간 초대형 베스트셀러《Think and Grow Rich》의 바탕이 되었다는 《It Works》가 국내에 번역 소개된 것은 2005년 당시 매경출판을 이끄셨던 김석규 전 대표의 혜안 덕분이었습니다. 이 책은 당시 일본에서도 공전의 대히트를 치면서 국가 불문하고 베스트셀러임을 입증한 바 있습니다. 그래서인지 당시 첫 출간의 기획 서문에는 이 책의 기획 자체가 가슴 떨리고 설렌다고 적혀 있습니다. 지금 리커버판 서문을 적고 있는 제 마음도 어쩌면 이와 똑같을까요. 이 책을 통해 2020년대를 살아가는 독자 여러분께도 저와 동일한 설렘과 감동을 선사하고 싶습니다.

이 책을 읽는 방법

《It Works》리커버판에서 달라진 점부터 말씀
드리겠습니다. 먼저 책의 외형부터 눈에 띄게 달
라졌습니다. 책의 소장 가치를 높이기 위해 고급
스러운 재질과 세련된 디자인으로 옷을 갈아입
혔고, 책 사이즈 역시 기존보다 조금 작게 만들어
가볍게 들고 다니기 편하고 선물하기도 좋게 제
작했습니다. 내지에서는, 한글판 곳곳에 핵심 내
용과 구절을 강조하는 페이지를 일부 두었고, 본
문 뒤에 미라클 플래너를 수록하여 "당신이 원하
는 것들을 백지 위에 중요한 것부터 적어보라"는
이 책의 주문대로 독자 여러분께서 원하시는 꿈
이 실현될 수 있도록 꿈을 적을 수 있는 노트 페
이지를 구성했습니다. 기존에 들어갔던 영한 대

역 파트는 빼는 대신 영어판 페이지에 필사가 가능하도록 여백 페이지를 추가했습니다. 영어에 자신 있는 분은 영어 원문부터 읽는 것도 좋을 듯합니다. 아무리 우수한 번역이라도 원문의 진본성을 따라갈 수는 없기 때문입니다.

이 책은 원문의 분량이 아주 짧습니다. 그러나 그 의미는 심장합니다. 따라서 계속 반복해서 읽는 것이 매우 중요합니다. 이를 위해 독자 여러분께서는 《It Works》를 가급적 항상 휴대하셨으면 합니다. 작고 아담한 책이니 들고 다니기도 편하고, 책가방이나 핸드백에 넣어도 괜찮을 겁니다. 빨간색의 귀엽고도 지적인 이 책은 어쩌면 독자 여러분을 돋보이게 하는 소중한 액세서리가 돼줄지 모릅니다. 그리고 어느 곳에서든 꺼내 보십시오. 지하철에서, 카페에서, 화장실에서, 약속한 사람을 기다리면서… 자신도 모르는 사이 놀라운 변화가 시작될 것입니다. 읽으면서 이 책에 제시되어 있는 대로 실천의 노트를 작성해보십시오. 느낀 것을 반드시 실천해보십시오. 자신에게 일어나는 변화는 더욱 빠르게 증폭될 것입니다. 이렇게 하면 독자 여러분은 어느덧 성공의 주인공이 되어 있을 것입니다. 내일의 성공 주인공이신 여러분, 이제 다음 페이지를 열고 꿈을 실현시켜 나가보시기 바랍니다.

매경출판 대표 서정희

It Works
한글판

좋은 것을 소유하는
비결은 무엇인가?

원하는 것을 손에 넣는
진짜 비밀은 무엇일까?

세상에는 두 부류의 사람들이 존재한다. 원하는 것을 손에 넣는 사람들과, 원하더라도 그것을 얻지 못하는 사람들이 바로 그것이다.

그러면 왜 이런 일이 벌어지는가? 행운의 별자리를 타고 태어났기 때문인가? 그것이 아니라면 사람들 사이에 존재하고 있는 생활의 격차는 어떻게 설명할 수 있을까?

나는 오랜 기간 동안 이런 의문에 대한 해답을 찾기 위해 골몰해왔다. 여기에는 분명히 어떤 논리적인 해답이 있으리라고 확신했기 때문이다. 마침내 나는 만족스러운 해답을 찾아냈다. 나는 그것을 주변 사람들에게 알려주었고, 그들은 모두 그것을 통해 성공적이고 놀라운 결과를 경험했다.

과학이나 심리학, 신학적인 시각에서 보면 지금부터 내가 하려는 얘기가 터무니없는 것으로 들릴지도 모른다. 그럼에도 불구하고 내가 제시한 간단한 처방을 충실히 따른 사람들은 한결같이 좋은 결과를 손에 넣었다. 그래서 나는 확신을 가지고 그간의 체험을 바탕으로 더 많은 사람들이 행복과 충만함을 누릴 수 있도록 이 얘기를 널리 알리고자 한다.

"세상만사 뜻대로 되는 일이 어디 있나."

보통 사람들은 이런 식으로 생각하기 마련이다. 그들은 너무 가까이 있어서 그냥 지나치기 쉬운 어떤 '힘'을 깨닫지 못한다. 그것은 너무 간단하게 작동하기 때문에 알아차리기가 오히려 쉽지 않다. 또한 위력이 너무 분명하기에 오히려 성패의 근원이라는 점을 인정하지 못하고 있다.

"와 저게 내 것이라면…" 빨간 스포츠카가 지나가는 걸 지켜보면서 사환 지미가 자신도 모르게 뱉어낸 말이다. 보석가게 앞에서 예쁜 반지를 쳐다보는 전화교환원인 플로렌스의 생각도 마찬가지다. 경리사원으로 일하는 늙은 존스가 일요일 산책길에 근사한 저택 옆을 지나가면서 함께 걷던 아내에게 속삭인다.

"그래, 우리도 저런 좋은 집을 가졌으면 얼마나 좋을까. 아니야, 그건 불가능한 일이야. 그냥 셋방살이나 해야지."

세일즈맨인 란뎀은 불만이 가득하다. 죽어라고 열심히 일하는데도 월급은 쥐꼬리만 하다. 그래서 언젠가는 이 일을 때려치우고 제대로 된 새 일자리를 찾아볼 생각이다. 돈 많은 사장님인 반뎀 씨는 집무실에서 웅크리고 앉아서 해마다 자신을 괴롭히는 알레르기성 비염 때문에 투덜대고 있다.

이런 일은 가정에서도 그대로 벌어진다. 지난밤에 아버지는 딸 메이블이 이대로 가다가는 인생을 망칠 것이라고 난리를 쳤다. 그런데 오늘은 엄마가 아이들의 용돈 문제로 엉뚱한 소리를 하고 다른 골칫거리와 뒤범벅을 만드는 바람에 딸 문제가 희석되고 만다.

"이젠 나도 어쩔 수가 없어요. 로버트의 담임 선생님이 오늘 오후에 날 좀 보자는군요. 성적이 형편없이 떨어졌대요. 하지만 이걸 어쩌지. 난 오늘 카드놀이하러 가야 하는데. 하는 수 없지. 선생더러 내일까지 기다리라고 하는 수밖에."

이런 식의 불평은 누구에게서나 어디서나 끊임없이 들을 수 있는 것들이다. 그들은 그들이 진정으로 원하는 것이 무엇인지 심각하게 생각하지 않는다. 원하는 것을 얻을 수도 있고, 또 그럴 자격이 있으면서도 그들은 불평만 일삼는 것이다.

이렇게 생각이 짧은 수다쟁이들조차 현재의 불만족스러운 상황을 바꿔버리겠다고 마음만 먹

는다면 안 될 이유가 하나도 없다. 이 경우 제일 먼저 해야 할 일은 자신이 진정으로 원하는 것이 무엇인지 알아내는 것이다. 이 일이 생각만큼 쉽지는 않다. 우리가 '객관적 의식'을 단련시켜서 내가 소망하는 것들과 조건들을 명쾌하게 결정할 수만 있다면 비로소 우리는 소원성취의 거대한 첫걸음을 내딛게 되는 것이다. 여기서 객관적 의식이란 우리가 평소 일상생활에서 사용하고 있는 생각을 의미한다.

소원성취의 비결은 단언컨대 우리 주변을 둘러싸고 있는 라디오 전파보다 더 신비하거나 불확실한 것이 결코 아니다. 라디오처럼 주파수만 정확히 맞추면 완벽한 결과를 얻을 수 있다. 물론 그렇게 하기 위해서는 나름대로 장비를 갖춰야

하고 사용법을 알아야 한다.

우리 속에는 어떤 강력한 힘이 존재한다. 이 강력한 힘은 우리가 진실로 원하는 것이라면 무엇이든지 가질 수 있게 우리를 기꺼이 도와준다. 무엇보다도 중요한 사실은 이 강력한 힘이 우리를 도와주고 싶어서 안달한다는 것이다.

톰슨 제이 허드슨 박사는 《정신현상의 법칙》에서 이 힘에 대해 언급하며 이름을 붙였는데, 그것이 바로 '주관적 의식'이다. 어떤 학자들은 이에 대해 다른 이름을 붙이기도 하고 색다른 용어를 쓰기도 한다. 그러나 그들이 한결같이 인정하는 사실은 이 힘이 전지전능하다는 점이다. 그래서 나는 이 힘을 '임마누엘'이라 부른다. 임마누엘은 신이 내 안에 들어와 함께한다는 뜻이다.

당신이 그것을 어떻게 부르든 상관없다. 심지어 신의 존재를 인정하고 안 하고 역시 관련이 없다. 뭐가 되었든, 이 강력한 힘은 우리가 객관적 의식을 통해서 진정으로 원하는 소망들을 모두 완벽하게 이루어줄 만한 충분한 능력이 있다. 더욱 중요한 것은 이 강력한 힘이 그런 일을 기꺼이 해준다는 사실이다. 오로지 주의해야 할 한 가지는 우리가 그것을 진심으로 원해야만 한다는 사실이다.

어쩌다 생각날 때 소원하거나 혹은 반신반의하면서 무엇을 소망해서는 안 된다. 그렇게 해서는 우리 안에 있는 전능한 능력, 즉 옴니포턴트 Omnipotent와 연결이 잘 안 될 수도 있고, 소원 전달이 제대로 이뤄지지 않을 수도 있다. 우리가 원하는 것이 정신적인 것이든 물질적인 것이든, 혹은 영적인 것이든 간에 간구할 때는 진정으로 성심을 다해 진실한 마음으로 그것을 소망해야 한다.

우리의 객관적 의식과 의지는 너무 쉽게 흔들린다. 그러므로 우리가 무엇을 가볍게 바라기만 해서는 우리 안에 존재하는 놀랍고도 전지전능한 능력이 작동할 수 없다.

사람들이 바라는 소원은 대부분이 입으로만 내뱉는 수준에 머물고 만다. 앞에서 만났던 사환 지미는 빨간 스포츠카를 진심으로 바라지는 않았다. 세일즈맨 란뎀은 새로운 직장에 대해 진지하게 생각하지 않았다. 아예 그러한 생각조차 하지 않았을지도 모른다. 반뎀 사장은 자신의 알레르기성 비염에 대해 너무나 잘 알고 있었기 때문에 해마다 이 병이 찾아오기를 오히려 기다리고 있었다.

골치 아픈 집안의 애기는 어떤가. 아버지는 사업에서 상당한 성공을 거뒀을지 모른다. 어머니도 그날 카드놀이에서 아주 만족스러운 결과를 얻었을 것이다. 그러나 이들 부모는 자녀들이 성취해 줬으면 하고 바라는 어떤 확실한 목표가 없었기 때문에 당면한 불행한 조건을 전혀 바꾸지 못하는 것이다.

이제 삶의 불행한 조건들을 바꿔보겠다는 마음이 우러나오는가. 진심으로 그것을 원하는 사람들을 위해서 준비된 시스템이 있다. 이 시스템은 간단하면서 아주 명쾌하다. 그리고 결과는 확실히

보장된다. 지금부터 이 시스템에 대한 규칙과 설명, 그리고 제안을 함께 소개하고자 한다.

먼저 우리가 진심으로 원하는
삶의 조건과 원하는 것들을
중요한 것부터 백지 위에 적어보자.

꿈을 실현시키는 시스템
(플랜Plan)

원하는 것이 너무 많다고 두려워하거나 주저할 필요는 없다. 가능한 한 생각나는 것을 모두 적는 것이 중요하다. 그다음, 어떤 것은 빼내고 어떤 것은 보태면서 소원하는 것이 확실해질 때까지 고치고 또 고친다. 바꾸는 횟수가 많다고 기죽으면 안 된다. 자꾸 바꾸는 것은 너무 당연한 것이다. 소원이 성취되고 소망이 늘어날 때마다 목록을 바꿔나가는 것은 오히려 당연하다.

성취의 세 가지 적극적 규칙

1 원하는 목록(리스트)을 날마다 아침 점심 저
  녁 세 차례 읽는다.

2 원하는 대상을 가급적 자주 생각한다.

3 아무에게도 이 플랜을 말하지 않고 오로지
  자신의 마음속에 있는 위대한 능력에게만 이
  야기한다. 그러면 이 능력이 자신의 객관적
  의식에게 소원성취의 비결을 제시해준다.

처음에는 믿기가 어려울 것이다. 왜냐하면 우
리가 소원하는 것들이 상식적으로 판단해볼 때
성취하기가 쉬운 것들이 결코 아니기 때문이다.

그럼에도 불구하고 우리가 원하는 것들을 중요한 순서대로 정확히 적어 넣어야 한다.

소원성취의 신비가 어떻게 가능한지 굳이 따지고 들 필요는 없다. 옥수수 한 알을 기름진 땅에 심으면 곧 새싹이 돋고 꽃을 피운 다음 이내 수백 개의 알곡이 들어찬 열매를 맺게 된다. 이 알곡은 하나하나가 또 꼭 같은 과정을 거쳐서 수백, 수천 개의 알곡으로 열매를 맺는 과정을 반복한다. 그러나 아무도 옥수수가 열매를 맺어나가는 과정을 수상하게 여기고 따지려 들지 않는다. 우리 안에 존재하면서 소원을 이뤄주는 전능한 능력도 마찬가지다. 옥수수의 수확 과정을 따지는 것이 불필요하듯 소원성취의 원리를 파고드는 일 역시 무의미하다.

만약 우리가 여기 제시된 명쾌한 제안을 정확히 따르고 세 가지 규칙을 빈틈없이 이행한다면, 옥수수 수확의 신비보다 더욱 신비한 소원성취를 맛보게 될 것이다. 대부분의 경우 우리는 예상보다 훨씬 빨리 소망한 것을 이룰 수 있을 것이다.

갑자기 새로운 소원이 생기고 그 소원의 우선순위가 최고이거나 아주 높게 느껴지는 일이 생긴다면 그것은 우리의 플랜이 제대로 작동하고 있다는 증거다.

반대로 당초 우리가 원한다고 생각해서 써넣은 어떤 소원을 목록에서 지워야 하는 일이 생긴다면 그것도 역시 우리의 플랜이 제대로 작동하고 있다는 또 다른 분명한 증거가 된다.

이런 일에 대해 회의적이고 의심이 들고 의문

이 생기는 것은 당연한 일이다. 그러나 이런 생각이 들 때는 목록을 꺼내 들어라. 그리고 그것을 다시 반복해서 읽어라.

이미 목록에 적힌 내용을 다 외우고 있다면 우리 마음속에 존재하는 전능한 능력을 향해 소원을 얘기하라. 의심은 어떤 경우에도 방해자일 뿐이다. 명심해야 할 것은 우리가 진정으로 원한다면 아무것도 그것을 방해하지 못한다는 사실이다.

다른 사람들은 우리가 얻고 싶어하는 것들을 이미 가지고 있지 않은가? 왜 나는 안 된다는 것인가?

우리 안에 있는 전능한 능력은 어떤 논쟁에 휩쓸려드는 것을 아주 싫어한다. 전능한 능력은 우리가 준비될 때까지 참고 기다린다. 우리의 객관적 의식은 갈대처럼 흔들리기 쉬우므로 의심이 많은 사람에게 둘러싸여 있을 때는 전능한 능력이 아무런 힘도 발휘하지 못하기 십상이다. 그러므로 친구를 잘 골라서 사귀어야 한다. 가능하면 우리가 소망하는 것들을 이미 이룬 사람들과 어울리는 것이 좋다. 그렇더라도 그들과 이 성취 프로그램에 대해서 얘기를 나눠서는 안 된다.

백지 위에 우리가 원하는 것을 적어 넣는다. 예컨대 돈, 집, 자동차, 그밖에 무엇이든 써넣되 거기서 멈춰서는 안 된다. 보다 구체적으로 세세히 적어야 한다. 자동차를 원한다면 차종은 무엇으로 할 것인지, 스타일은 어떤 것이며 가격대는 얼마로 할 것인지를 써넣어야 한다. 심지어는 언제 그 차를 타고 싶은지도 써넣어야 한다. 만약 우리가 집을 원한다면 구조를 포함해 땅의 모양과 가구와 집기까지 전부 다 써넣어야 한다. 물론 집의 위치와 가격도 결정해야 한다.

돈을 원한다면 구체적인 금액을 적어야 한다. 사업에서 신기록을 세우고 싶다면 그것 역시 써넣으면 된다. 판매기록을 경신하고 싶다면 목표 금액을 미리 쓰고 언제 그것을 달성하고 싶은지 날짜를 적는다. 그런 다음 판매목표 달성을 위해 팔아야 할 상품의 수량을 쓴다. 그러고는 품목 별로 원하는 판매액을 적어 넣으면 된다.

처음에는 이런 것들이 좀 우스꽝스럽게 보일 수도 있다. 그러나 우리가 소망하는 것을 언제 어떻게 무엇을 원하는지 적극적으로 구체화시켜놓지 않으면 우리가 원하는 것이 정확히 무엇인지

도저히 알 수 없는 법이다. 만약에 이런 것들을 분명하게 적을 수 없다면 스스로가 솔직하지 않은 것이다. 구체적이지 않거나 정확하지 않은 소원은 소원이라고 할 수 없다. 우리는 소망하는 것을 명쾌하게 표현을 해야 하고 그렇게 했을 때 놀라운 결과를 얻을 수 있다. 때로는 믿기 힘들 정도의 놀라운 결과가 나타나기도 한다.

우리가 첫 번째 소원성취의 감미로운 맛을 즐길 무렵이면 반갑지 않은 불청객이 반드시 찾아온다. '불신'이라는 이름의 이 불청객은 우리와 오랫동안 함께 지내온 아주 자연스러운 존재이다. 그는 아마 이렇게 속삭일 것이다.

"있을 수 없는 일이야. 어떻게 하다 보니 그렇게 된 것일 뿐이지. 참 기가 막힌 우연의 일치로

군."

만약 그런 생각이 고개를 들면 우리 안에 있는 전능한 능력이 가져다준 성취에 대해 더 많은 고마움과 더 큰 신뢰를 보내라. 이렇게 함으로써 우리는 확신을 얻을 수 있고 결과적으로 더 큰 소원을 성취하게 될 것이다. 우리가 흔들리지 말고 믿어야 할 것은, 이 세상에는 살아서 움직이는 하나의 원칙이 있고, 그 원칙은 언제나 작동하며 우리는 그것과 일치된 삶을 살기만 하면 된다는 사실이다.

진실하고 참된 감사를 하려고 하면 우리가 진정으로 받은 바에 대해 고마워하는 마음을 가져야 한다. 진정한 감사에는 기쁨이 동반되기 마련이다. 그러므로 우리의 귀한 동반자, 즉 우리의 전능한 능력이 가져다준 선물에 대해 감사의 마음을 표할 때는 고마워하는 마음이 얼굴에 그대로 드러나도록 정성을 다해야 한다. 전능한 능력이 행하는 것들은 인간의 이해관계를 초월한다. 그러므로 그것을 이해하려 들지 말고 전능한 능력이 이룩한 성과에 대해 그저 기쁜 마음으로 감사하고 행복을 즐기며, 더욱 굳은 믿음을 보내도록 애써야 한다.

주의할 점

자칫 우리는 어리석게도 자신을 비참하게 만들 것을 애써 소원하고 얻을 수도 있다. 그것은 다른 사람의 행복을 깨뜨리는 것일 수도 있다. 또한 그것은 질병과 사망의 원인이 될 수도 있다. 심지어 그것은 우리의 영원한 생명을 앗아갈 수도 있다. 이미 반복해서 말했듯이 우리는 원하는 것을 무엇이든 손에 쥘 수가 있다. 그러므로 대단히 조심하면서 그 '힘'을 사용해야 한다.

소원을 기록하고 계획을 세울 때마다 우리는 우리와 주변 사람들이 이 세상을 살아가는 동안에 유익한 것들로 채워나가도록 해야 한다. 이런 일들은 인류의 풍성한 미래를 향해 길을 닦아나가는 것과도 같다.

여기에 제시된 프로그램은 무엇이든 우리가 원하는 것을 얻게 해준다. 적용범위 또한 매우 넓다. 그러나 초기에는 과욕을 부리지 말고 우리가 익숙한 주변의 것부터 소원 목록을 시작하는 것이 좋다. 예컨대 얼마간의 돈을 갖고 싶다든가 혹은 어떤 물건을 소유하고 싶다고 바라는 것이 좋다. 이런 것들은 비교적 쉽게 그리고 빨리 이뤄진다. 반면에 고질적인 습관이라든가 혹은 제3자를 잘 살게 해달라거나 정신적 육체적 질병의 치유와 같은 소원은 이루어지는 데 비교적 많은 시간이 걸린다.

그러므로 처음에는 작은 것에서부터 시작하는 것이 좋다. 그것이 이뤄지면 다음 단계로 나간다. 두 번째 것도 성취가 된다면 비로소 우리는 더 높고 크고 중요한 소망을 올릴 수 있다. 그러나 이 단계에 이르기 훨씬 이전에 우리는 값지고 보람찬 수많은 소원이 성취되는 것을 체험하게 될 것이다.

우리는 이미 남으로부터 도움을 받았듯 다른

사람들을 도와야 한다. 자신의 이익을 돌보지 않고 남에게 베푸는 사람이 받을 상은 정말로 크다. 자신의 이익을 마다하고 이타적 삶을 사는 것은 무척 어렵기 때문이다.

선택은 당신의 몫이다.
그러나 신은 이 짧은 글을 통해
당신에게 바른길을 선택할 수 있는
영감을 선물했다.

결론

에밀 쿠에 박사는 말한다. 그는 수많은 사람들에게 무엇이 진정 스스로를 돕는 길인지에 대해 분명한 답을 제시한다. 그러나 많은 사람들이 아직도 그의 생각을 비웃고 그의 가르침을 받아들이지 않고 있다. 그들은 옛 방식을 고집하면서 여전히 힘든 삶을 살아가고 있다.

그래서 필자는 자세한 설명과 함께 꿈을 실현

시키는 이 시스템을 소개한 것이다.

당신은 이것을 받아들일 수도 있고 또 거절할 수도 있다. 수용 여부에 따라 당신은 원하는 것을 얻을 수도 있고 아니면 예전의 모습대로 머물 수도 있다.

선택은 당신의 몫이다. 그러나 신은 이 짧은 글을 통해 당신에게 바른길을 선택할 수 있는 영감을 선물했다.

그러므로 이미 제시한 이 시스템을 충실히 따르기만 하면 당신의 소원은 그것이 무엇이든 간에 이루어질 것이다. 이미 많은 사람들이 누리고 있는 것처럼 말이다.

이 책을 처음부터 끝까지 다시 읽어라. 그리고 한 번 더 읽어라. 마지막으로 한 번 더 읽어라.

앞에서 설명한 '성취의 세 가지 적극적 규칙'을 기억하라. 지금 바로 자신의 소망을 걸고 실험에 착수하라.

이 책은 금방 350페이지가 넘는 방대한 분량으로 늘릴 수 있다. 그러나 이 책은 읽기 편하고 이해하기 쉽도록 일부러 짧게 압축한 것이다. 이미 수많은 사람들이 이 시스템의 유효성을 증명해주고 있다. 당신도 한번 해보지 않겠는가?

저자로부터의 편지

친애하는 독자 여러분,

인간이 향유하는 위대한 소유물들―시각, 청각, 영감, 사랑, 그리고 생명 그 자체―은 신비한 선물로서 우리에게 거저 주어졌습니다.

아이디어에 대해서도 같은 말을 할 수 있을 것입니다. 이 책에 소개된 강력한 아이디어 역시 그런 선물에 해당되니까요. 그렇다면 여러분은 거저 받은 이 아이디어를 어떻게 하시겠습니까? 만약 제가 "세상에서 가장 값진 행위는 자신이 받은 것을 거저 나누어주는 일"이라고 말하면 여러분은 놀라실까요?

여러분은 쉽고 간편하게 이 일을 할 수 있습니다. 바로 이 책을 꼭 필요로 하는 사람들에게 보내주는 것입니다. 이를 통해 여러분은 주변의 삶을 보다 낫고 행복하게 바꾸는 이 값진 노력에 참여하실 수 있습니다.

여러분은 다람쥐 쳇바퀴 돌 듯 늘 인생의 제자리를 맴도는 딱한 사람들을 알고 계실 것입니다. 또한 여러분은 용기를 잃고 근심 걱정 속에 살아가는 불행한 사람들을 기억하고 계실 것입니다. 이거야말로 여러분이 '스스로를 도우려는 사람들'

에게 도움을 줄 절호의 기회입니다. 만약 그들에게 이 책을 보내지 않는다면 여러분은 선행에서 느끼는 만족감을 상실하게 될 것입니다. 그러나 책을 보내시면 틀림없이 여러분은 '줌으로써 얻는' 삶의 위대한 원칙을 따르는 셈입니다. 동시에 여러분은 번영과 성취를 기대하게 될 것입니다.

최소한 여러분은 감사나 칭찬을 기대하지 않고, 남이 알지 못하는 가운데 선행을 했다는 내면의 기쁨을 맛볼 것입니다. 그리고 더욱 강화된 능력과 확장된 삶이 여러분의 선행에 대한 포상으로서 아무도 모르게 여러분을 찾아올 것입니다.

저자 RHJ 드림

역자 후기

번역하는 동안 머리에 떠오르는 세 가지 부류의 인간상이 있었다. 첫째는 이 책이 제시한 플랜을 그대로 믿고 당장 실천에 옮기는 부류였고, 두 번째는 이 내용을 믿을 수도 없고 믿지 않을 수도 없어 어중간한 입장을 취할 부류였다. 세 번째는 허황되다고 비웃을 부류였다. 그러나 어디에 속하든지 이 책이 모든 부류의 독자에게 외면받지 않으리라는 생각이 들었다. 옴니포턴트의 존재와 작용을 확실히 믿는 첫 번째 부류의 사람은 설명이 더 필요 없을 것이다. 두 번째인 반신반의 그룹에서 이 책 한 권쯤을 지니려는 심리상태를 상상하기는 쉽다.

그런데 세 번째, 믿지 않는 사람들에게도 이 책이 필요하다는 근거는 무엇인가? 그것은 비록 믿지 않더라도 삶에 지친 주변 사람들에게 이 책을 선물함으로써 최소한 그들에게 희망의 씨앗을 나눠주리라는 생각 때문이다.

이 책은 지난 1926년에 태어나 얼마 안 있어 100세를 채우게 된다. 책이 활발하게 보급되던 당시 미국의 시대상은 1차대전이 끝나고 대공황이 닥친 시기였다. 전쟁은 인간성의 황폐화를 가져오고 공황은 희망을 앗아간다. 그래서 미국인들이 희망을 전파하는 리더로서 루즈벨트를 대통령으로 선출한 시대이기도 했다. 이 책이 300만 부가 넘게 팔린 이면에는 이런 시대적 배경도 작용했으리라 짐작된다.

반드시 미국과 일치하지는 않지만 한국도 지금 희망을 이야기하는 목소리가 간절히 요구된다. 외환위기 이후 장기화되고 있는 불황으로 실업자가 급속히 늘어나고 인구의 10%가 극빈층으로 분류될 만큼 빈부의 격차는 심각한 숙제가 되었다.

여기에 신용불량자와 청년실업까지 더한다면 커다란 난제가 아닐 수 없다. 그러나 정부는 아직 마땅한 답을 내놓지 못하고 있다. 한미관계와 북핵문제에 이르기까지 한반도의 주변 여건 역시 어느 때보다도 심각하다.

이렇듯 모든 것이 암울해 보이는 때인지라 우리에게도 희망의 목소리가 절실하다. 이런 때 작은 책 하나가 사람들에게 희망의 단서를 제공해 준다면 더 이상 무엇을 바라겠는가.

저자가 이미 설명했듯이 이 책의 강점이자 특징 중의 하나는 350페이지도 훨씬 넘을 내용을 압축하고 또 압축해서 30여 페이지의 분량으로 최소화했다는 점이다.

따라서 역자가 많은 이야기를 후기로 쓰는 것이 어쩌면 저자의 의도를 훼손하는 일이 될지도 모른다. 이제 에밀 쿠에 박사가 작성한 '자기암시 처방전'을 첨부하는 것으로 역자의 말을 맺는다.

이 짧은 문장은 저자에게 많은 영감을 주었고,

지금도 웰빙을 추구하는 서양인들 사이에서 높은
인기를 누리고 있기 때문이다.

역자 서재경

에밀 쿠에의 영감을 빌려 옮긴이가 새로 엮은

자기암시 처방전

이 글은 내게 매우 유익하므로 자주 읽어 마음
에 새겨두기로 한다.

- 내 인생은 날마다 그리고 모든 면에서 점점 좋
  아지고 있다. 내 삶은 하루하루가 건강한 육신,
  건전한 정신, 그리고 순결한 영혼으로 수놓아
  지고 있다. 어제보다는 오늘 그랬듯이, 오늘보

다 내일 나는 더 원숙한 삶을 향해 전진한다. 지난날 한때 불운하게 생각되던 일들이 마침내 좋은 결과로 반전되었듯 내 인생의 어려운 일은 마침내 유익하게 바뀐다.

• 가족은 인생의 친구요 동반자며 분신이다. 그들은 세상에서 가장 강력한 나의 응원단이다. 우리 가족 모두는 건강하고 활기차며 우리는 서로 믿고 사랑한다. 그들이 있기에 나는 날마다 힘을 얻어 힘차게 새날을 맞이한다.

• 나는 매 끼니 규칙적인 식사를 하며 감사하는 마음으로 식탁에 앉는다. 영양섭취에 힘입어 새로운 세포는 완벽하게 자라나며 자라난 세포는 손상되고 낡은 기관을 고쳐준다. 내 소화 능력과 배출기능은 종일토록 온전히 작동한다.

- 나는 직장생활을 통해 매일 새로운 가치를 창출하며 이 과정에서 새로운 지식과 경험을 충전한다. 나는 직업인으로서 성장과 발전을 날마다 확인하므로 기쁘다. 내 기쁨은 주변에도 전파되어 그들에게 적극성과 동기를 부여한다.

- 나는 상사와 동료들과 더불어 즐겁게 일한다. 그들은 내 강점의 조력자요 약점의 협력자며 기회 포착의 조언자요 위기 예방에 꼭 필요한 비판자다. 나는 그들의 선한 의지를 믿어 그들을 성공의 동반자로 삼는다.

- 내 재산은 우리 가족의 오늘을 위해 부족함이 없다. 어제도 그랬듯이 재산은 오늘도 필요한 만큼 늘어날 것이며 이런 증가는 노년까지 지속될 것이다. 내가 재산의 주인이며 결코 재산

이 내 주인은 아니다.

- 내 마음은 항상 평화롭고 고요하다. 내가 하고 있는 일은 사회발전에 기여하며 인류평화에 유용하다. 나는 내가 하는 일에 자부심을 느낌으로써 평온하고 밝은 마음을 지킨다.

- 매일 밤 나는 원하는 시각에 단잠에 빠지며 밤새 깊고 편안한 잠을 이룬다. 내가 눈을 뜨면 몸은 어느새 생기로 가득 차있다.

- 나는 매일 이 글을 읽으며 하루를 시작하고 이 글을 읽으며 하루를 마감한다. 잠을 자는 동안 이 글은 내 마음 깊은 곳에 스며든다. 진정으로 나는 날마다, 그리고 모든 면에서 점점 좋아지고 있다.

당신이 진심으로 원하는 것을
백지 위에 적어보라.
원하는 것이 너무 많다고
두려워하거나
주저할 필요는 없다.
가능한 한 생각나는 것을
모두 적는 것이 중요하다.

Miracle Plan

_____

_____

_____

_____

_____

_____

_____

_____

_____

_____

_____

_____

_____

_____

_____

_____

Miracle Plan

_____

_____

_____

_____

_____

_____

_____

_____

_____

_____

_____

_____

_____

_____

_____

_____

_____

_____

_____

Miracle Plan

Miracle Plan

Miracle Plan

_____

_____

_____

_____

_____

_____

_____

_____

_____

_____

_____

_____

_____

_____

_____

_____

_____

_____

만약 당신이 집을 원한다면
구조를 포함해 땅의 모양과
가구와 집기까지
전부 다 써넣어야 한다.
물론 집의 위치와
가격도 결정해야 한다.

Miracle Plan

_____

_____

_____

_____

_____

_____

_____

_____

_____

_____

_____

_____

_____

_____

_____

_____

Miracle Plan

Miracle Plan

_____

_____

_____

_____

_____

_____

_____

_____

_____

_____

_____

_____

_____

_____

_____

_____

_____

Miracle Plan

_____

_____

_____

_____

_____

_____

_____

_____

_____

_____

_____

_____

_____

_____

_____

_____

_____

Miracle Plan

갑자기 새로운 소원이 생기고
그 소원의 우선순위가
최고이거나 아주 높게
느껴지는 일이 생긴다면
그것은 우리의 플랜이 제대로
작동하고 있다는 증거다.

Miracle Plan

Miracle Plan

_____

_____

_____

_____

_____

_____

_____

_____

_____

_____

_____

_____

_____

_____

_____

_____

_____

_____

Miracle Plan

Miracle Plan

_____

_____

_____

_____

_____

_____

_____

_____

_____

_____

_____

_____

_____

_____

_____

_____

_____

_____

Miracle Plan

이미 목록에 적힌 내용을
다 외우고 있다면
우리 마음속에 존재하는
전능한 능력을 향해
소원을 얘기하라.

Miracle Plan

Miracle Plan

_____

_____

_____

_____

_____

_____

_____

_____

_____

_____

_____

_____

_____

_____

_____

_____

_____

_____

_____

Miracle Plan

Miracle Plan

Miracle Plan

_____

_____

_____

_____

_____

_____

_____

_____

_____

_____

_____

_____

_____

_____

_____

_____

우리가 흔들리지 말고
믿어야 할 것은,
이 세상에는 살아서 움직이는
하나의 원칙이 있고,
그 원칙은 언제나 작동하며
우리는 그것과 일치된 삶을
살기만 하면 된다는 사실이다.

Miracle Plan

_____

_____

_____

_____

_____

_____

_____

_____

_____

_____

_____

_____

_____

_____

_____

_____

_____

Miracle Plan

_____

_____

_____

_____

_____

_____

_____

_____

_____

_____

_____

_____

_____

_____

_____

_____

_____

Miracle Plan

Miracle Plan

Miracle Plan

_____

_____

_____

_____

_____

_____

_____

_____

_____

_____

_____

_____

_____

_____

_____

A concise, definite, resultful plan with rules, explanations and suggestions for bettering your condition in life.

If you KNOW What you Want you can HAVE IT

It Works

영문판

What is the Real Secret of Obtaining Desirable Possessions?

ARE some people born under a lucky star or other charm which enables them to have all that which so desirable, and if not, what is the cause of the difference in conditions under which men live?

Many years ago, feeling that there must be a logical answer to this question, I decided to find out, if possible, what it was. I found the

answer to my own satisfaction, and for years, have given the information to others who have used it successfully.

From a scientific, psychological or theological viewpoint, some of the following statements may be interpreted as incorrect, but nevertheless, the plan has brought the results desired to those who have followed the simple instructions, and it is my sincere belief that I am now presenting it in a way which will bring happiness and possessions to many more.

"IF wishes were horses, beggars would ride," is the attitude taken by the average man and woman in regard to possessions. They are not

aware of a *power* so near that it is overlooked; so simple in operation that it is difficult to conceive; and so sure in results that it is not made use of consciously, or recognized as *the cause of failure or success.*

"GEE, I wish that were mine," is the outburst of Jimmy, the office boy, as a new red roaster goes by; and Florence, the telephone operator, expresses the same thought regarding a ring in the jeweler's window; while poor old Jones, the book-keeper, during the Sunday stroll, replies to his wife , "Yes, dear, it would be nice to have a home like that, but it is out of the question. We will have to continue to rent." Landem,

the salesman, protests that he does all the work, gets the short end of the money and will some day quit his job and find a real one, and President Bondum, in his private sanctorum, voices a bitter tirade against the annual attack of hay-fever.

At home it is much the same. Last evening, father declared that daughter Mabel was headed straight for disaster, and today, mother's allowance problem and other trying affairs fade into insignificance as she exclaims, "This is the last straw. Robert's school teacher wants to see me this afternoon. His reports are terrible, I know, but I'm late for Bridge now. She' ll have to wait until tomorrow." So goes

the endless stream of expressions like these from millions of people in all classes who give no thought to what they really want, *and who are getting all they are entitled to or expect.*

If you are one of these millions of thoughtless talkers or wishers and would like a decided change from your present condition, you can have it; but first of all you must *know what you want* and this is no easy task. When you can train your *objective mind* (the mind you use every day) to decide definitely upon the things or conditions you desire, you will have taken your first big step in accomplishing or securing what you know you want.

To get what you want is no more mysterious or uncertain than the radio waves all around you. Tune in correctly and you get a perfect result, but to do this, it is, of course, necessary to know something of your equipment and have a plan of operation.

You have within you a *mighty power*, anxious and willing to serve you, a *power capable of giving you that which you earnestly desire*. This power is described by Thomson Jay Hudson, ph.D., LL.D., author of "The Law of Psychic Phenomena," as your *subjective mind*.

Other learned writers use different names and terms, *but all agree that it is omnipotent*. Therefore, I call this Power "Emmanuel"(God in

us).

Regardless of the name of this Great power, or the conscious admission of a God, the Power is *capable and willing* to carry to a complete and perfect conclusion every earnest desire of your objective mind, but you must be really in earnest about what you want.

Occasional wishing or half-hearted wanting does not form a perfect connection or communication with *your omnipotent power*. You must be in earnest, *sincerely* and *truthfully* desiring certain conditions or things-mental, physical or spiritual.

Your objective mind and will are so vacillating that you usually only WISH for things and the

wonderful, capable power within you does not function.

Most wishes are simply vocal expressions.

Jimmy, the office boy, gave no thought of possessing the red roadster. Landem, the salesman, was not thingking of any other job or even thingking at all.

President Bondum knew he had hay-fever and was expecting it. Father's business was quite likely successful, and mother no doubt brought home first prize from the Bridge party that day, had no fixed idea of what they really wanted their children to accomplish and were actually helping to bring about the unhappy conditions which existed.

If you are in earnest about changing your present condition, here is a *concise, definite, resultful plan, with rules, explanations and suggestions.*

The Plan

WRITE down on paper in order to their importance the things and conditions you really want. Do not be afraid of wanting too much. Go the limit in writing down your wants. Change the list daily, adding to or taking from it, until you have it about right. Do not be discouraged on account of changes, as this is natural. There will always be changes and additions with accomplishments

and increasing desires.

Three Positive Rules of Accomplishment

1 Read the list of what you want three times each day : morning, noon and night.

2 Think of what you want as often as possible.

3 Do not talk to anyone about your plan except to the Great Power witihin you which will unfold to your Objective Mind the method of accomplishment.

It is obvious that you cannnot acquire faith at the start. Some of your desires, from all practical reasoning, may seem postively unattainable, but, neverthless, write them

down on your list in their proper place of importance to you.

There is no need to analyze how this Power within you is going to accomplish your desire. Such a procedure is as unnececssary as trying to figure out why a grain of corn placed in fertile soil shoots up a green stalk, blossoms and produces an ear of corn containing hundreds of grains, each capable of doing what the one grain did. If you will follow this definite plan and carry out the three simple rules, the method of accomplishment will unfold quite as mysteriously as the ear of corn appears on the stalk, and in most cases much sooner than you expect.

When new desires, deserving positions at or about the top of your list, come to you, then you may rest assured you are progressing correctly.

Removing from your list items which at first you thought you wanted, is another sure indication of progress.

Removing from your list items which at first you thought you wanted, is *another sure indication of progress.*

It is natural to be skeptical and have doubt, distrust and questionings, but when these thoughts arise, get out your list. Read it over; or if you have it memorized, talk to your

inner self about your desires until the doubts that interfere with your progress are gone, *Remember, nothing can prevent your having that which you earnestly desire.* Others have these things. Why not you?

The Omnipotent Power within you does not enter into any controversial argument. *It is waiting and wiling to serve when you are ready,* but your objective mind is so susceptible to suggestion that it is almost impossible to make any satisfactory progress when surrounded by skeptics. Therefore, choose your friends carefully and associate with people who now have some of the things you really want, but *do*

not discuss your method of accomplishment with them.

Put down on your list of wants such material things as money, home, automobile or whatever it may be, but do not stop there. Be more definite. If you want an automobile, decide *what kind*, *style*, *price*, *color*, and all the other details, including *when* you want it. If you want a home, plan the structure, grounds and furnishings.

Decide on location and cost. If you want money, write down the amount. If you want to break a record in your business, put it down. It may be a sales record. If so, write out the

total, the date required, then the number of items you must sell to make it, also list your prospects and put after each name the sum expected, This may seem very foolish at first, but you can never realize your desires if you do not *know positively and in detail what you want and when you want it.*

If you cannot decide this, you are not in earnest. You must be definite, and when you are, results will be surprising and almost unbelievable.

A natural and ancient enemy will no doubt appear when you get you first taste of accomplishment. This enemy is discredit, in

form of such thoughts as: "It can't be possible; it just happened to be, What a remarkable coincidence!"

When such thoughts occur *give thanks and assert credit to your Omnipotent Power* for the accomplishment. By doing this, you gain assurance and more accomplishment, and in time, prove to yourself that *there is a law, which actually works-at all times*-when you are in tune with it.

Sincere and earnest thanks cannot be given without gratitude and it is impossible to be thankful and grateful without being happy. Therefore, when you are thanking

your greatest and best friend, *your Omnipotent Power*, for the gifts received, do so *with all your soul, and let it be reflected in your face*. The Power and what it does is beyond understanding. Do not try to understand it, but *accept the accmplishment* with thankfulness, happiness, and strengthened faith.

Caution

It is possible to want and obtain that which will make you miserable; that which will wreck the happiness of others; that which will wreck the happiness of others; that which will cause sickness and death; that which will rob you of eternal life.

You can have what you want, but you must take all that goes with it: so in planning your wants, *plan that which you are sure will give*

to you and your fellow man the greatest good here on earth; thus paving the way to that future hope beyond the pale of human understanding.

This method of securing what you want applies to everything you are capable of desiring and the scope being so great, it is suggested that your first list consist of only those things with which you are quite familiar, such as an amount of money or accomplishment, or the possession of material things. Such desires as these are more easily and quickly obtained than the discontinuance of fixed habits, the welfare of others, and the healing of mental or bodily ills. Accomplish

the lesser things first. Then take the next step, and when that is accomplished, you will seek the higher and really important objectives in life, but long before you reach this stage of your progress, many worthwhile desires will find their place on your list. One will be to help others as you have been helped. *Great is the reward to those who help and give without thought of self, as it is impossible to be unselfish without gain.*

In Conclusion

A short while ago, Dr. Emil Coué came to this country and showed thousands of people how to help themselves. Thousands of others spoofed at the idea, refused his assistance and are today where they were before his visit.

So with the statements and plan presented to you now. You can reject or accept. You can remain as you are or *have anything you want.*

The choice is yours, but God grant that you may find in this short volume the inspiration to choose aright, follow the plan and thereby obtain, as so many others have, all things, whatever they may be, that you desire.

Read the entire book over again, *and again*, AND THEN AGAIN.

Memorize the three simple rules on page 110.

Test them now on what you want most *this minute*.

This book could have extended easily over 350 pages, but it has been deliberately shortened to make it as easy as possible for you to read, understand and use. Will you try

it? Thousands of bettered lives will testify to the fact that *It Works*.

A Letter to You
From the Author

Dear Reader,

The great possessions of life are all GIFTS
mysteriously bestowed: sight, hearing,
aspiration, love or life itself.

The same is true of ideas-the richest of
them are given to us, as for instance, the
powerful idea which this book has given you.
What are you going to do with it? Are you
surprised when I tell you the most profitable

thing you can do is to give it away?

You can do this in an easy and practical way by having this book sent to those you know who NEED IT. In this way, you can help in the distribution of this worthwhile effort to make the lives of others better and happier.

You know people who are standing still or who are worried and discouraged.

This is your chance to HELP THEM HELP THEMSELVES. If you withhold this book from them you will lose the conscious satisfaction that comes from doing good. If you see that they get this book, then you put yourself in line with the Law of Life which says, "You get by giving," and you may rightly expect prosperity

and achievement.

At the very least you will have the inner sense of having done a good deed with no hope of being openly thanked and your reward will come secretly in added power and larger life.

The Author

Auto Suggestion Formula

Emil Coué

All the suggestions given here to benefit myself will be fixed imprinted, engraved deep within my being.

• Each and Every day, at my regular meal–time, I am pleasantly ready to eat. I will eat healthfully with excellent appetite and enjoy my food while eating exactly the proper amount my body needs for perfect nou–

rishment. I keep myself at exactly at my ideal weight and in radiant good health. My metabolism and assimilation is perfectly performed for my healthy and happy living of my life.

- As new cells are created within my body, they will be healthy normal cells. My created cells will grow normally and heal all damaged or worn out tissue··· providing normal growth patterns and renewed development in the entire organism that is me.

- My assimilation and elimination functions will be normally performed; each morning,

through out the day, and in the night, as my good health requires.

· Every night I will fall asleep at the hour of my choosing… and I will sleep healthfully through the night. I awaken with my vitality renewed. My sleep will be calm, peaceful and profound… and on awakening in the morn– ing I will eagerly face each day.

· My mind will be peaceful and serene. I feel friendship towards the successful and compassion towards the miserable. I feel joy towards the virtuous. This provides me a peaceful clarity of mind. I am alive and

livefully joyous survival.

- I have confidence in myself. I radiate it in others. I bring abundance into my life to every form and in every way. Success in every way is becoming my reality.

- Now I relax, drift and float, into the pleasant depths of relaxation and allow these beneficial suggestions to go deep into my subconscious and become my way of life. Truly, day by day, in every way, I am getting better and better.

- Each morning, just when I awake, I repeat

this formula of wellbeing and start each day tuned into it. Each night just before I fall asleep, I repeat this formula of wellbeing and it goes deep into my mind working while I sleep.

It Works

개정판 3쇄   2022년 7월 25일
초판 1쇄   2005년 8월 10일

지은이   RHJ
펴낸이   서정희
펴낸곳   매경출판㈜
옮긴이   서재경
책임편집   서정욱
마케팅   김익겸 한동우 장하라
디자인   김보현 이은설

매경출판㈜
등록   2003년 4월 24일(No. 2-3759)
주소   (04557) 서울시 중구 충무로 2(필동1가) 매일경제 별관 2층 매경출판㈜
홈페이지   www.mkbook.co.kr
전화   02)2000-2630(기획편집) 02)2000-2636(마케팅) 02)2000-2606(구입 문의)
팩스   02)2000-2609   **이메일**   publish@mk.co.kr
인쇄·제본   ㈜M-print   031)8071-0961
ISBN   979-11-6484-432-6(03320)